© ING Edicions
Av. Josep Tarradellas n.º 118 1r b
08029 Barcelona
Tlf. 93-4195959 Fax 93-4197705
ing @ingedicions.com
wwwingedicions.com

© De las ilustraciones Auria G. Galcerán
© De la traducción Ignasi Roda Fàbregas
Asesora de la colección Auria G. Galcerán
Corrección 2ª edición Mariló Castañe
Todos los derechos reservados para la versión castellana

1.ª Edición 2002
2.ª Edición 2007
ISBN: 978-84-89825-96-3
Depósito Legal: B-41469-07

LA GALLINITA ROJA

cuento tradicional inglés

ilustraciones de AURIA G. GALCERÁN

ING edicions

Había una vez una gallinita roja que vivía en una granja con sus pollitos.

También había un pato, un cerdito y un gato.

Los tres eran tan perezosos que la gallinita tenia que acarrear con todo el trabajo.

Un buen día en el que la gallinita escarbaba en la era de la granja, encontró unos granos de trigo.

—¿Quién sembrará este trigo?
–preguntó a sus compañeros la gallinita.
—¡Yo no! –dijo el pato.
—¡Yo no! –dijo el cerdito.
—¡Yo no! –dijo el gato.
—Muy bien, pues yo los sembraré
–dijo la gallinita.

Y fue y los sembró.

Pasó el tiempo, y el trigo creció y maduró.

—¿Quién segará el trigo? —preguntó la gallinita.
—¡Yo no! —dijo el pato.
—¡Yo no! —dijo el cerdito.
—¡Yo no! —dijo el gato.
—¡De acuerdo! ¡De acuerdo! Ya lo segaré yo misma.

Y la gallinita, sin ayuda de nadie, segó todo el trigo.

Acabada la siega, la gallinita dijo:

—Y, ahora, ¿quién trillará el trigo?
—¡Yo no! –dijo el pato.
—¡Yo no! –dijo el cerdito.
—¡Yo no! –dijo el gato.
—Entonces tendré que hacerlo yo.
¡No se hable más!

Cuando el trigo estuvo trillado, la gallinita preguntó de nuevo:

—¿Quién llevará el trigo al molino para hacer harina?

—¡Yo no! —dijo el pato.

—¡Yo no! —dijo el cerdito.

—¡Yo no! —dijo el gato.

—No hay problema —dijo la gallinita. Lo llevaré yo misma.

La gallinita recogió el trigo, lo puso dentro de un saco y lo llevó al molino. Lo molió y lo convirtió en harina.

Entonces, la gallinita volvió a preguntar a sus compañeros:

—¿Quién amasará la harina para hacer pan?

—¡Yo no! –dijo el pato.

—¡Yo no! –dijo el cerdito.

—¡Yo no! –dijo el gato.

—Eso quiere decir que tendré que amasarlo yo misma.

¡Dicho y hecho! Amasó la harina e hizo una buena hogaza.

Cuando lo sacó del horno y aún humeaba, la gallina preguntó de nuevo:

—Y ahora, ¿quién se comerá este pan?

—¡Yo! –dijo el pato.

—¡Yo! –dijo el cerdito.

—¡Yo! –dijo el gato.

—¡Pues no! Ninguno de
vosotros lo catará –respondió
la gallinita–. ¡Me lo comeré yo!

«Y ella y sus pollitos,
se comieron el pan
tiernecito».

RECETA DEL PAN

Ingredientes

1 kg de harina integral o blanca

28 gr de sal

14 gr de levadura seca de panadero

2 cucharadas de azúcar o miel

0,7 litros de agua

Elaboración

Se pone la harina y la sal en una vasija, y la levadura estará en un bol a parte, añadiéndole el azúcar y un poco de agua caliente para, luego, dejarla en un lugar abrigado hasta que fermente. Cuando la levadura haya fermentado se añade a la harina con el agua restante. Se trabajan los ingredientes con las manos hasta conseguir una masa blanda y de consistencia suave. Dejaremos que repose la masa en una vasija y en lugar abrigado. Pasado un tiempo y, si el proceso anterior se ha hecho correctamente, comprobaremos que la masa casi ha doblado su volumen. Volveremos a amasarla durante unos minutos y moldearemos panes de diferentes formas.

Depositaremos los panes en latas calientes, engrasadas y enharinadas. Si hemos utilizado harina de trigo blando, dejaremos reposar los panes unos cinco minutos para que aumenten un poco de volumen. Si hemos utilizado harina de trigo duro, la espera puede llegar hasta unos 20 minutos.

Coceremos los panes durante 45 minutos en un horno a 180 ºC. Pasado este tiempo dejaremos que se enfrien y... ¡nos los comeremos!

JUEGO DE DEDOS

Pulgar Éste es el panadero,
se llama Baldomero.
Mucho os tiene que contar
de sus cuatro compañeros.

Índice Éste hace galletas finas
y se las come enseguida.

Corazón Éste es tan grandote y alto
que tira todos los sacos.

Anular Éste decora las tartas
y mancha su cara de nata.

Meñique Éste es el pequeñín,
también se llama
"chiquitín".

Pulgar Ahora llega el panadero:
"Si no sabéis trabajar,
de aquí os tengo que echar.
¡Fuera todos al granero!".

El campesino lo ha sembrado
el molinero lo ha molido
el panadero lo ha amasado
y ahora nosotros
nos lo vamos a comer
¡Que aproveche!